De la Rupture

du

Contrat de Louage

à la suite d'un

ACCIDENT DE TRAVAIL

PARIS

IMPRIMERIE M. VILLAIN et M. BAR

22, rue Dussoubs, 22

—

1914

De la Rupture

du

Contrat de Louage

à la suite d'un

ACCIDENT DE TRAVAIL

PARIS

IMPRIMERIE M. VILLAIN et M. BAR

22, rue Dussoubs, 22

—

1914

De la Rupture du Contrat de Louage

à la suite d'un Accident de Travail

Un grand nombre d'Industriels et de Commerçants, et en particulier des assurés de la "Mutualité Industrielle" et de "la Caisse d'Assurances Mutuelles", nous ont à diverses reprises posé les questions suivantes :

1° Le chef d'entreprise est-il tenu de reprendre l'ouvrier victime d'un accident de travail, lorsqu'il se présente à l'atelier après guérison ou consolidation ?

2° Lorsqu'un ouvrier a reçu ses huit jours et qu'il est blessé pendant le temps qu'il les accomplit, le patron est-il tenu de le reprendre après guérison pour lui faire terminer sa huitaine ?

3° Quel est le salaire dû à l'ouvrier pour la journée où il est victime d'un accident de travail ?

Trois arrêts de Cassation ont tranché définitivement ces questions; il nous a paru intéressant de les relater dans une brochure de quelques pages, en les faisant précéder des décisions frappées de pourvoi, et en y ajoutant un bref commentaire.

A. - Contrat de louage à durée indéterminée

Le chef d'entreprise est-il tenu de reprendre l'ouvrier engagé sans détermination de durée et victime d'un accident de travail lorsque ce dernier se présente à l'atelier après guérison ou consolidation?

La question a été résolue par un arrêt de Cassation (Chambre civile) du 30 octobre 1911, sur pourvoi formé contre un jugement du Tribunal civil de Lille du 30 janvier 1911 (affaire Rose contre Ermen et Roby).

TRIBUNAL CIVIL DE LILLE (2ᵉ Chambre)

Jugement du 30 janvier 1911

Affaire ROSE contre ERMEN et ROBY

Le Tribunal :

Attendu que Ermen et Roby, filateurs à Armentières, sont appelants d'un jugement du Conseil des Prud'hommes d'Armentières en date du 21 octobre 1910, aux termes duquel ils ont été condamnés à payer la demoiselle Rose, une somme de 30 francs, à titre d'indemnité de prévenance et déboutés de la demande reconventionnelle qu'ils avaient formés contre elle.

Attendu que le 6 août 1910, la demoiselle Rose fut, dans

l'atelier des appelants, au cours de son travail, victime d'un accident qui eut pour conséquence une entorse du poignet, et la força à quitter l'usine pour une durée qui était indéterminée.

Attendu que le samedi 27 août, c'est-à-dire trois semaines plus tard, la demoiselle Rose se présenta à l'atelier et demanda à reprendre son travail, qu'il lui fut alors répondu par le Directeur qu'on avait dû la remplacer après son départ, que le personnel était actuellement au complet et qu'il ne pouvait pour le moment lui donner du travail, que la demoiselle Rose demanda à faire ses 15 jours, et revint le mardi 30 août au matin, prétendant reprendre le travail ce qui lui fut refusé, que c'est alors qu'elle assigna ses patrons pour leur réclamer le paiement de sa quinzaine; à titre d'indemnité de prévenance.

Attendu que c'est à tort que le jugement attaqué a fait droit à cette demande.

Attendu, en effet, que le contrat de louage d'ouvrage intervenu entre les parties était fait sans détermination de durée; qu'un tel contrat peut toujours cesser par la seule volonté d'un des contractants; que l'auteur de la résiliation ne peut donc être condamné à des dommages-intérêts que si l'on prouve contre lui une faute qui lui soit également imputable.

Attendu que ce ne sont point Ermen et Roby qui ont rompu le contrat existant entre eux et la demoiselle Rose, mais que ce contrat s'est trouvé rompu par suite de l'incapacité dans laquelle s'est trouvée la demoiselle Rose de continuer son travail, que cet accident constituait un véritable cas de force majeure, qui rendait impossible la continuation du contrat; que si l'on peut admettre, comme c'est d'ailleurs l'usage, qu'une indisposition ou une maladie de courte durée (2 jours à Armentières et à Lille) ne met pas fin au contrat de louage, il n'en est pas de même lorsqu'il s'agit d'une incapacité d'une durée relativement longue, et dont la cessation est indéterminée, qu'on ne peut forcer le patron à attendre la guérison de son ouvrier, et pendant ce temps à tenir sa place libre à l'atelier, qu'on ne saurait donc exiger alors un délai de prévenance, que, par suite, en refusant de reprendre la demoiselle ROSE, à la date du 30 août, ERMEN et ROBY n'ont commis aucune faute et que la demande de la demoiselle ROSE n'est nullement fondée.

Par ces motifs :

Dit bien appelé mal jugé, décharge les appelants des condamnations, etc.

La Cour de cassation a rejeté le pourvoi déposé contre ledit jugement, dans les termes suivants :

COUR DE CASSATION (Chambre civile)

30 octobre 1911

Affaire ROSE contre ERMEN et ROBY

LA COUR :

Attendu qu'aux termes de l'article 1780 du Code civil, le Contrat de louage de services, fait sans détermination de durée, peut toujours cesser par la volonté d'un seul des contractants ; que l'auteur de la résiliation ne peut donc être condamné à des dommages-intérêts envers l'autre partie que si l'on prouve contre lui, outre le préjudice subi, l'existence d'une faute légalement imputable.

Attendu que, d'après des constatations du jugement attaqué, le contrat intervenu entre ERMEN et ROBY et leur ouvrière ROSE Antoinette n'avait pas de durée limitée; que le 6 août 1910 ROSE Antoinette pour cause de maladie, interrompit son travail, que s'étant présentée à l'atelier après sa guérison, le 27 août, elle demanda vainement à être employée de nouveau; mais qu'elle n'établit pas que, en refusant de la reprendre, ERMEN-ROBY aient abusé de leur droit et commis une faute de nature a engager leur responsabilité.

Attendu que dans ces circonstances, le Tribunal de Lille en repoussant la demande n'a violé aucun des articles de loi visés par le pourvoi.

Par ces motifs :

Rejette...

MM. BALLOT-BEAUPRÉ, premier Président; LOMBARD, Avocat général; Maîtres DÉDÉ et CAIL, Avocats.

NOTE. — On trouve dans Dalloz (1910, I, 65) des considérations intéressantes, sous la signature de M. Henri LALOU, à propos d'un autre arrêt de cassation du 7 décembre 1909, dont nous parlerons plus loin.

Nous extrayons du savant commentaire de M. LALOU les passages essentiels qui trouvent leur application dans l'espèce relatée plus haut.

« ...Lorsque le locateur de service (l'ouvrier blessé en travail-
« lant dans l'entreprise) peut à nouveau travailler, quels sont ses
« droits? Peut-il exiger que le patron le reprenne? En d'autres
« termes, l'incapacité absolue de travail résultant soit d'un accident,
« soit d'une maladie, a-t-elle rompu ou seulement suspendu le
« contrat de louage de services?...

« ...On ne peut poser en règle générale, ni que le patron devra
« reprendre son ouvrier, ni qu'il pourra considérer le contrat
« comme résilié. C'est la solution qui se dégage d'ailleurs des arrêts
« rendus en cette matière.

« D'une part, en effet, des décisions ont admis — dans des hypo-
« thèses où l'incapacité de travail avait été de courte durée —
« qu'elle n'était pas une cause de résiliation du contrat.

« Mais, d'autre part, il a été jugé qu'après une interruption de
« travail résultant de maladie, le patron pouvait refuser de repren-
« dre son ouvrier quand la maladie avait été longue, ou que le
« patron avait dû remplacer l'absent par suite des nécessités de
« l'industrie, ou que l'ouvrier n'était plus en état de faire le travail
« qu'il fournissait autrefois. Bref, dans ces hypothèses, l'incapacité
« persistante du travail entraîne la rupture du contrat de louage
« de services... »

En résumé, le patron pourra considérer le contrat de louage
comme rompu, et refuser de reprendre l'ouvrier après guérison,
si la durée de l'incapacité, ou les nécessités du travail industriel,
ou encore la réduction de capacité ouvrière sont telles qu'elles
constituent une gêne et un obstacle au bon fonctionnement de
l'entreprise.

B. - Contrat de louage à durée déterminée

La Cour de cassation avait eu précédemment à exami-
miner la question de rupture du contrat de louage dans le
cas où un ouvrier ayant reçu ses huit jours avait été vic-

time d'un accident de travail survenu le jour même où le congé lui avait été donné.

Elle l'a résolue de la façon suivante dans un arrêt du 7 décembre 1909 (Chambre civile), sur pourvoi formé contre une décision du Conseil des Prud'hommes de la Seine du 27 avril 1909 (Dalloz, 1910, I, pages 65 et suiv.).

La décision du Conseil des Prud'hommes était ainsi conçue :

CONSEIL DES PRUD'HOMMES DE LA SEINE

27 avril 1909

Affaire HURBIER contre OLIVIER

Attendu que OLIVIER a été mis en huitaine le lundi par HURBIER mais que le jour même s'étant blessé, OLIVIER n'a pu commencer ce délai-congé; qu'après être resté pendant douze jours blessé, OLIVIER s'est présenté chez HURBIER pour demander à effectuer le délai-congé donné avant qu'il eut déclaré sa blessure, mais qu'alors HURBIER l'a définitivement renvoyé.

Attendu que le fait de la blessure contractée dans le travail par un ouvrier ne saurait que suspendre le contrat de travail qui le lie à son patron et non rompre ce contrat.

Attendu dès lors en l'espèce, que HURBIER aurait dû reprendre OLIVIER lorsque celui-ci se présentait après guérison de sa blessure pour accomplir la huitaine précédemment notifiée par HURBIER.

Attendu qu'un préjudice est éprouvé par ce renvoi intempestif :

Par ces motifs, etc...

La Cour de cassation a cassé la décision pour les motifs suivants :

COUR DE CASSATION (Chambre civile)

7 décembre 1909

Affaire HURBIER contre OLIVIER

Vidant le partage déclaré en l'audience du 4 août de la présente année.

Sur l'unique moyen du pourvoi : vu l'article 1147 du Code civil.

Attendu que le louage de services, dont la durée est limitée par la convention, prend fin au terme fixé.

Attendu que le jugement attaqué constate que HURBIER, boucher à Paris, a congédié OLIVIER, ouvrier à son service, en lui donnant un délai de huitaine; que s'étant blessé le jour même où ce congé lui fut notifié, Olivier a dû cesser son travail, et qu'après être resté pendant douze jours malade, il est revenu pour faire sa huitaine, mais qu'alors Hurbier a dû refuser de le reprendre.

Attendu que le contrat de louage de services à durée indéterminée que les parties avaient conclu à l'origine, s'était transformé en un contrat d'une durée limitée à huit jours, à partir de la date même du congédiement; qu'à la suite de l'accident Olivier n'ayant pu remplir ses obligations dans le délai déterminé, le patron a été libéré envers lui; qu'en décidant le contraire, le jugement attaqué a violé le texte susvisé.

Par ces motifs : casse et renvoie...

MM. Ballot-Beaupré, premier Président; Melcot, Avocat général (conclusions conformes), Me Maillet, Avocat.

NOTE. — M. Henri Lalou a dégagé d'une façon très juridique les principes qui résultaient de l'arrêt de cassation :

« ...L'ouvrier peut-il exiger d'être employé pendant le nombre
« de jours du délai-congé durant lesquels l'incapacité de travail l'a
« empêché de travailler ?

« Cette prétention, émise par le défendeur au pourvoi et consa-
« crée par le Conseil des Prud'hommes était inadmissible au
« triple point de vue de l'intention des parties, des nécessités de
« l'industrie et des principes qui gouvernent la matière.

« Il n'est pas douteux que l'intention du patron est de garder
« son ouvrier encore 8 jours. Mais ces 8 jours ne sont pas 8 jours
« quelconques qu'il dépendra du bon plaisir de l'ouvrier ou même
« seulement des hasards des accidents ou des maladies de déter-
« miner, ce sont les 8 jours qui suivent immédiatement le congé... »

« ... Non seulement, en cas de contrat de louage à durée indé-
« terminée, le patron peut toujours, pourvu qu'il n'abuse pas de
« son droit, et qu'il respecte les délais, congédier son ouvrier;

« mais encore il n'est pas défendu que ce congédiement intervienne
« même en cas d'accident de travail ; et dans cette hypothèse, le
« délai de renvoi court du jour où le congé a été donné et non du
« jour de la guérison de l'ouvrier... ».

« ... Donc, dans l'hypothèse d'une incapacité de travail par
« suite de maladie ou d'accident, le délai de congé ne s'augmente
« pas du temps que dure cette incapacité... »

En résumé, dans le cas d'un contrat de louage à durée déter-
minée, l'accident de travail libère le chef d'entreprise et aussi
l'ouvrier de leurs obligations ; le contrat de louage est rompu, et
non suspendu, et le patron n'est pas tenu, lorsque l'ouvrier se
présente à l'atelier, de le reprendre pour lui faire terminer ses
8 jours.

II. - Du paiement du salaire le jour de l'accident

Lorsqu'un ouvrier est victime d'un accident de travail, l'indemnité de demi-salaire (ou plus exactement le
décompte de ses journées de chômage) ne part que du
lendemain de l'accident.

Mais le patron ne doit-il pas la journée de l'accident à
titre de salaire ?

La Cour de cassation a solutionné cette question dans
un arrêt du 25 novembre 1912 (Ch. civ.), affaire BRUNET
contre MASSART, à la suite d'un pourvoi formé par un
ouvrier contre un jugement du Tribunal civil de la Seine

du 19 juin 1912 qui avait lui-même statué sur un appel de deux décisions du Conseil des Prud'hommes de la Seine des 28 février et 17 avril 1912.

Le jugement du Tribunal civil de la Seine était ainsi conçu :

« LE TRIBUNAL :

« Attendu que MASSART, maître menuisier, est appelant « de deux jugements du Conseil des Prud'hommes en date « des 28 février et 17 avril 1912 et qui l'ont condamné à payer « à BRUNET, ouvrier menuisier, la somme de 8 fr. 50 pour « salaires ;

« En la forme : Attendu que l'appel est régulier ; qu'il a « été rendu possible par une demande reconventionnelle en « 350 francs de dommages-intérêts non basée sur la demande « principale ; que sa recevabilité n'est d'ailleurs pas con- « testée ;

« Au fond : Attendu que BRUNET est entré le 24 janvier 1912 « au service de MASSART en qualité d'ouvrier menuisier, au « salaire de 85 centimes de l'heure ; que la rupture a eu lieu « le 27 janvier à 10 heures du matin ;

« Sur les salaires :

« Attendu que le 27 janvier BRUNET a été blessé à 10 heures « du matin ; qu'à la suite de cet accident il dut interrompre « son travail ; qu'il ne peut exiger de MASSART que le salaire « des heures de travail qu'il a réellement fournies ce jour-là ; « que ces heures représentent 2 fr. 55 qui lui sont offerts à « titre de salaires ;

« Attendu que la demande reconventionnelle n'est ni jus- « tifiée, ni soutenue ;

« Sur la demande additionnelle en 50 francs de dommages-intérêts ;

« Attendu qu'elle n'est pas justifiée ;

« *Par ces motifs,*

« Déclare l'appel recevable ;

« Confirme les jugements dont est appel en réduisant toute-« fois de 8 fr. 50 à 2 fr. 55 la condamnation prononcée par les « premiers juges ;

« Ordonne que dans cette mesure les jugements entrepris « sortiront effet ;

« Déboute l'appelant de sa demande reconventionnelle ;

« Déboute l'intimé de sa demande additionnelle en 50 francs « de dommages-intérêts ; etc...

La Cour de cassation a rejeté le pourvoi formé contre ledit jugement pour les raisons suivantes :

COUR DE CASSATION (Chambre Civile)

25 novembre 1912

Affaire BRUNET contre MASSART

« La Cour :

« I. — Sur le premier moyen :

« Attendu que, s'il résulte implicitement des dispositions de « l'article 3 de la loi du 9 avril 1898, modifié par la loi du « 3 mars 1905, que l'ouvrier victime d'un accident de travail,

« survenu par le fait ou à l'occasion du travail, a droit au
« plein salaire du jour de l'accident dont il a été victime, cet
« accident ne saurait avoir pour effet de modifier les termes
« du contrat de travail qui lie l'ouvrier à son patron ; qu'en
« conséquence, suivant que ce contrat stipule le paiement du
« salaire à l'heure ou à la journée, l'ouvrier blessé a droit,
« pour le jour de son accident, soit au salaire de l'heure, soit
« à celui de la journée en cours à l'instant où l'accident s'est
« produit ;

« Attendu qu'il résulte, en fait, des constatations du juge-
« ment attaqué que BRUNET est entré le 24 janvier 1912 au
« service de MASSART, en qualité d'ouvrier menuisier, au
« salaire de 85 centimes l'heure ; que la rupture a eu lieu le
« 27 janvier 1912, à 10 heures du matin ;

« Attendu qu'en décidant, dans ces circonstances, que
« BRUNET, blessé le 27 janvier 1912, à 10 heures du matin, et
« contraint, par cette blessure, d'interrompre son travail à
« l'heure sus-indiquée, ne peut exiger de MASSART que le
« salaire de trois heures de travail qu'il a réellement fournies,
« le Tribunal de la Seine a légalement justifié son jugement
« et n'a violé aucun des textes visés par le pourvoi ;

« *Par ces motifs* ;

« Rejette le premier moyen. »

NOTE. — L'arrêt de Cassation est très net : la journée de l'accident est due à titre de salaire dans les conditions prévues par le
contrat de travail. Si l'ouvrier est payé à l'heure et n'a fait que
3 heures, il ne lui sera payé que ces 3 heures ; il perdra le surplus
de cette journée, et le demi-salaire ne commencera à courir qu'à
partir du lendemain de l'accident.

Si l'ouvrier est à la journée, il lui sera payé la journée entière,
bien qu'elle n'ait été accomplie que partiellement par lui.